방사능은 정말로 위험할까?

민음 바칼로레아 041

방사능은
정말로 위험할까?

장마르크 카브동 ㅣ 김찬형 감수 ㅣ 정은비 옮김

민음in

차례

모든 물질은 독이다.
그러나 적절한 양을 취하면 약이 되기도 한다.

—파라셀수스

질문 : 방사능은 정말로 위험할까?

"방사능은 정말 위험할까?"

이 질문은 근래에 와서 우리에게 너무나 익숙하다. 그 심각성에 대해 우리 스스로 묻기도 하고 주변 사람들이나 각종 미디어에서 가타부타 열띤 토론을 하는 경우를 종종 보기 때문이다. 하지만 장시간의 토론이나 빈번한 화두에도 불구하고 사람

● ● ●

파라셀수스(1493~1541) 스위스의 화학자이자 의학자. 연금술을 연구하면서 화학에 대해 해박한 지식을 얻게 되었으며, 의학에 화학적 개념을 도입하는 데 힘써서 '의화학'의 시조가 되었다. 물질계의 근본은 유황, 수은, 소금의 3원소라 하였으며, 점성술의 영향을 받아 독자적인 원리에 입각한 의료법을 제창하였다. 또 산화철, 수은, 안티몬, 납, 구리, 비소 등의 금속 화합물을 의약품에 처음으로 도입하였다.

들은 여기에 대해 저마다 다른 답을 가지고 있거나 이도 저도 아닌 모호한 입장을 취하고 있을 뿐이다. 방사능의 개념이나 원리 자체가 어려울 뿐더러 가시적으로 흔히 나타나는 현상도 아니기 때문이다.

방사능은 사람의 목숨을 빼앗아 갈 수 있을 만큼 위험하지만 마리 퀴리˚가 발견한 것처럼 매우 매력적인 물질이기도 하며, 여러 분야에서 널리 이용되고 있다. 그렇다면 실제로 이러한 방사능에 대해 우리는 얼마나 자세히 알고 있을까?

약제사들과 화학자들은 이미 오래전부터 방사능의 독성에 대해 연구해 왔다. 그리고 방사능이 항상 해로운 것은 아니라는 방향으로 그들의 의견을 모으고 있다. 방사능이 복잡한 화학 작용의 결과로 치명적인 독성을 나타내기도 하지만 그것만 피한다면 아무런 해가 없다는 것이다.

이처럼 방사능은 천사와 악마라는 두 가지 얼굴을 가지고

● ● ●

마리 퀴리(1867~1934) 프랑스의 물리학자이자 화학자. 폴란드에서 태어났으며, 피에르 퀴리와 결혼한 후 라듐과 폴로늄을 발견하여 노벨 물리학상을 공동 수상했다. 1911년에 순수한 금속 라듐을 분리하는 데 성공하여 노벨 화학상을 수상했으며, 소르본 대학 최초의 여성 교수가 되었다. 백혈병으로 사망한 지 61년 만인 1995년 4월 20일 남편 피에르 퀴리와 함께 여성으로는 사상 처음으로 역대 위인들이 안장되어 있는 파리 판테온 신전으로 이장되었다.

있다. 다시 말해서 때로는 천사처럼 우리의 생활 전반에 크나큰 도움을 주고, 때로는 악마처럼 무시무시하고 치명적인 독성을 내뿜는 존재인 것이다. 결국 가장 중요한 문제는 방사능이 위험한 때와 그렇지 않은 때가 언제인지를 알아내는 것이라고 할 수 있다. 위험에 어떻게 대처할 것인지는 그 다음에 생각해도 늦지 않다고 보는 것이 전문가들의 의견이다.

그러나 방사능에 대한 우리의 의문점은 쉽게 사라지지 않는다. 정말로 방사능의 위험성은 무시해도 좋을 만큼 그렇게 미세한 것일까? 아니면 끊임없이 자각하고 깨우쳐야 할 만큼 중대한 문제일까?

이제부터 방사능 현상에 대한 실제 사례들을 자세히 살펴보면서 해답을 찾기 위한 항해를 시작해 보자. 이 과정에는 서로 다른 두 가지 암초가 도사리고 있을 것이다. 하나는 나날이 발전하는 현대 기술이 방사능으로 인해 일어날 수 있는 모든 위험을 막아 줄 것이라는 지나치게 낙관적인 믿음이고, 다른 하나는 단 한 번이라도 방사능에 노출되면 큰 위험에 처할 수 있다는 부정적이고 극단적인 우려다.

하지만 순조로운 항해를 위해서는 테크노크라시*의 지나친 전진이나 막연하고 불길한 조짐에 귀를 모두 막고 오로지 과학적인 방법으로 우리를 인도하는 힘찬 물결에 몸을 맡겨야 한다. 과학적 사실과 그 관계성을 알면 우리는 앞으로 닥쳐올 위험에 대해서 예측할 수 있을 것이다. 더 나아가 방사능의 위험에 대해서 스스로 올바른 판단을 내릴 수 있는 단계에 이른다면 우리는 목표한 항구에 도착한 셈이 된다.

우리는 위험하다, 위험성이 있다, 위험 확률, 위험도 등의 말들을 자주 사용하지만 그 의미가 항상 분명하고 정확한 것은 아니다. 따라서 먼저 이 단어들의 뜻을 정리해 볼 필요가 있다.

위험하다는 말은 위험이 이미 존재하는 것이고, 위험성이 있다는 말은 위험에 노출되는 상황을 뜻한다.

일반적으로 험준한 산을 오르는 것은 위험한 일이다. 이때의 위험은 달리기를 하다가 다칠 위험보다 크다. 따라서 미리 이러한 위험을 피하는 것이 좋겠지만, 그럼에도 기어코 산에 오르기로 결심했다면 이는 위험성이 있음에도 그를 무릅쓴 것이다.

더 나아가 위험이 어떤 경우에 더 크며 그에 따라 예상되는

●●●

테크노크라시(Technocracy) 1930년대에 미국에서 유행한 기술주의적·개량주의적 사회 경제 사상이나 체제를 말한다. 전문 기술자가 모든 생산 기관을 관리하고, 가격 제도를 생산 동력과 소비 가치를 기준으로 하는 에너지 단위로 바꿀 것을 주장한다.

위험성은 어느 정도인지 계산하는 것을 수학적인 용어로 '위험 확률'이라고 한다. 이는 우리에게 가해진 위협이 실제로 나타날 가능성을 말한다. 반면에 위험도는 사건이 발생한 이후에나 알 수 있다. 사건의 결과가 얼마나 치명적인가를 뜻하는 말이기 때문이다.

이런 단어들의 뜻을 정확하게 알지 못한 채 무심코 사용하다 보면, "방사능은 위험할까? 그렇다. 하지만 그렇게 심각하지는 않다."라는 식으로 말해 버리기 쉽다. 이것은 매우 무성의한 발언이다. 저명한 정치인들이 "나에게도 책임은 있지만 내가 죄를 지은 건 아니다."라는 식으로 얼버무리는 것처럼 말이다. 이러한 발언에는 큰 질책과 비난이 뒤따르게 된다. 따라서 "방사능은 정말로 위험할까? 강한 방사능은 위험할 수도 있지만 그렇게 심각하게 걱정할 것은 아니다. 방사능의 위험으로부터 인간을 보호할 수 있기 때문이다. 그러나 자칫 잘못 다루면 큰 위험에 처할 수 있으니 각별히 조심해야 한다."라고 하는 것처럼 보다 자세하고 책임감 있는 결론을 내려야 할 것이다.

하지만 방사능에 어떤 위험성이 잠재해 있는지 우리가 과연 알아낼 수 있을까? 우리는 그 위협으로부터 어떻게 벗어날 수 있을까? 지금부터 어떤 화학 작용 때문에 방사능이 위험한 것인지, 그리고 방사선이 인체에 어떤 영향을 미치는지 알아보고

자 한다. 그런 다음에는 잘 알려진 사건들 중에서 몇 가지 중
대한 사건을 골라 방사능의 위험에 대해 더 자세히 살펴볼 것
이다.

1

방사능이란
무엇인가?

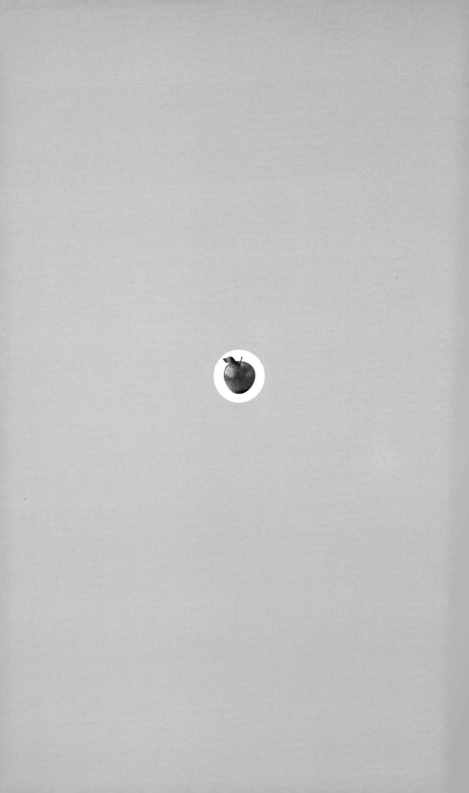

방사능 현상은 왜 일어나는 것일까?

방사능 현상은 물질을 이루고 있는 기본 단위인 원자°로부터 시작한다. 더 정확히 말하면 원자핵으로부터 시작한다고 볼 수 있다. 따라서 방사능 현상을 이해하려면 우선 물질의 구조에 대해 알아야 한다.

깎은 연필심을 보자. 겨우 1세제곱밀리미터 부피의 연필심

• • • •

원자 물질의 기본 단위로, 특히 어떠한 화학 원소가 그 특성을 잃지 않은 채 존재할 수 있게 하는 가장 작은 단위다. 원자는 하나의 핵과 이를 둘러싼 여러 개의 전자로 이루어져 있다. 원자핵은 원자의 중심부에 있는 작은 입자로서, 양성자와 중성자가 결합되어 있는 것이다. 양성자와 전자는 각각 양전기(+)와 음전기(−)를 띤 소립자인데, 이 둘은 항상 전기적으로 평형을 유지하고 있다. 그에 비해 중성자는 특정한 전하를 띠지 않으며, 물질 속을 뚫고 나가는 성질이 강하다.

에도 엄청난 수의 탄소 원자가 층을 이루고 있다. 이처럼 지구상의 모든 물질은 원자로 이루어져 있는데, 이 원자를 쪼개 보면 양성자, 중성자, 전자와 같은 소립자로 나누어진다. 탄소 원자의 경우에는 6개의 양성자와 6개의 중성자가 맞닿아서 동그란 '핵'을 형성한다. 전자는 항상 양성자와 같은 수인데, 핵의 지름에서 멀리 떨어진 곳까지 매우 빠른 속도로 회전한다.

부러진 연필심 토막에 들어 있는 열 가지 종류의 원자 중에서 몇 가지를 뽑아 집중적으로 살펴보자. 먼저 탄소 14는그 수가 몇십억 개나 되지만 다른 원자 종류에 비해서는 수가 적은 편이다. 게다가 보통의 원자들과는 조금 다른 구조를 가지고 있다. 양성자의 수는 다른 원자들처럼 6개이지만 중성자는 6개가 아닌 8개인 핵을 가지고 있는 것이다. 이름에 붙은 14는 6과 8을 더한 수다.

이처럼 양성자의 수는 같지만 중성자의 수가 달라 질량이 다른 원소들을 **동위 원소**라고 한다. 탄소 12와 탄소 14는 동위 원소인데, 양성자 수가 똑같이 6개이므로 다른 탄소 원자들처럼 원자 번호가 6이다. 중성자의 수가 다르다고 해도 원자의 질량만 변할 뿐 화학적 성질에는 영향을 미치지 않기 때문이다. 그러나 이 두 원자 사이에 아주 중요한 차이점이 있다. 탄소 12와 달리 탄소 14는 방사성 원자핵을 가진 동위 원소인 것이다.

그렇다면 방사성 원자핵이란 무엇일까? 방사성 원자핵은 불안정한 배열을 가진 핵종*으로, 안정적인 상태가 되기 위해 계속해서 입자를 내보내며 변화한다. 한 개의 원자핵은 1~112개의 양성자를 포함할 수 있는데, 전기학의 법칙상 같은 전하를 띤 입자들은 서로를 밀어내게 되어 있다. 따라서 원자핵은 전하를 갖고 있지 않는 적절한 수의 중성자를 가지고 있어야만 안정된 상태로 존재할 수 있다. 중성자는 서로 강하게 작용하며 양성자와 결합하는 특성을 가지고 있기 때문이다.

모든 불안정한 원자핵은 안정된 상태에 도달하기 위해 똑같은 과정을 거친다. 양성자와 중성자가 균형을 이루게 될 때까지 계속 입자를 내보내며 다른 핵으로 변하는 것이다. 어떤 핵은 안정된 상태에 이르기까지 열 번 이상 연속으로 변하기도 한다. 이렇게 계속되는 변화를 **방사성 붕괴**라 한다.

여기서 원자핵이 스스로 변화하는 것을 붕괴라고 하며, 불안정한 원소의 원자핵이 스스로 붕괴하면서 내부로부터 입자

● ● ●

핵종 원자핵의 구성을 말한다. 특히 원자핵 내의 양성자와 중성자의 수에 의해 특징지어지는 각각의 원자핵을 가리킨다.

를 방출하는 것을 방사능이라고 한다. 소립자의 존재가 밝혀지지 않은 19세기 말, 과학자들은 이 입자들이 이동하는 길, 즉 '선(ray)'을 기록해야만 했다. 이때 선(라틴 어로는 radius)을 방출하는 원자들의 활동을 마리 퀴리가 '방사능(radioactivity)'이라고 이름 붙인 것이다.

핵이 변화하거나 붕괴할 때는 전자도 함께 변화한다. 양성자와의 균형을 되찾기 위해서다. 이런 과정 속에서 원자의 화학적 성질은 완전히 바뀌어 아예 다른 이름의 원자로 변하게 되는데, 연금술사 *들은 이것을 **변질**이라고 하였다.

위에서 우리는 원자가 왜 다른 원자로 변질하려는지를 살펴보았다. 또한 핵 자체가 스스로 안정적인 상태로 되기까지 변화한다는 사실도 알 수 있었다. 그렇다면 이제는 방사능의 형태에 대해서 한번 알아보자.

● ● ●

연금술사 연금술을 행하는 사람들이다. 연금술은 금속이 아닌 물질을 귀금속으로 바꾸기 위한 기술로, 기원전 알렉산드리아에서 시작하여 이슬람 세계에서 체계화되고 중세 유럽에 널리 소개되었다. 실제로 금을 만들어 내기보다는 주술적 성격을 띤 자연학으로 발전하였다.

알파선, 베타선, 감마선은 무엇인가?

방사능에는 여러 가지 형태가 있다. 핵이 어떤 방식으로 에너지를 방출하고 균형을 찾는가에 따라 그 형태가 달라지기 때문이다. 이때 가장 무거운 핵종들은 주로 2개의 양성자와 2개의 중성자로 이루어진 결합체를 빠른 속도로 만들어 방출하면서 스스로 질량을 조절한다. 이러한 입자들을 **알파선**이라 한다.

한편 양성자보다 중성자가 너무 많을 경우에는 중성자가 양성자로 바뀌는 경우도 있다. 이것은 마치 성전환과도 같다. 양성자나 중성자 모두 매우 작은 입자들이기 때문에 그 화학적 변화가 우리의 일상생활에 직접적으로 영향을 미치는 건 아니지만 중성자가 양성자로 바뀌려면 1개의 전자와 1개의 중성미자°를 동시에 방출해야 한다. 이때 중성미자는 물질을 통과하면서 아무 작용도 하지 않으므로 방사능이라고 할 수 없지만 전자는 음전기를 띠고 화학 작용을 하기 때문에 **베타선**이라는 이름을 갖게 된다. 반대로 양성자의 수가 너무 많은 경우도 있다. 이때는 양성자가 양전하의 전자를 방출하여 중성자로 변하게 되는데, 이것 또한 베타선이라고 한다.

핵은 붕괴하면서도 그 구조를 유지하면서 에너지를 방출할 수 있다. 이때 전자기 에너지°알갱이인 광자°를 방출하게 되는데, 이렇게 핵으로부터 알파선 또는 베타선과 함께 방출되는 광자를 감마선이라고 한다.

이처럼 핵은 알파선과 베타선, 감마선을 방출하면서 스스로 안정을 찾아간다. 핵이 반응을 하는 동안 모든 입자들은 어떠한 소리도 내지 않으며, 우리의 시각으로도 볼 수 없으며, 느낄 수도, 냄새를 맡을 수도, 맛을 볼 수도 없다. 그것은 원자와 핵이라는 너무나도 작은 세계에 있는 것들이기 때문이다. 그런데 이렇게 미세한 것들이 어떻게 위험해질 수 있다는 것일까?

● ● ●

중성미자 뉴트리노(Neutrino)라고도 한다. 중성자가 양성자와 전자로 붕괴될 때 생기는 소립자인데, 전하가 없으며 질량이 극히 작다. 전자 중성미자, 뮤온 중성미자, 타우 중성미자 세 종류가 있다. 전자 중성미자는 1930년 오스트리아의 물리학자인 볼프강 파울리가 최초로 제안했다. 원자핵의 베타 붕괴 과정을 에너지와 운동량 보존 법칙에 맞추기 위해서였다. 1934년에 엔리코 페르미가 그 입자에 중성미자라는 이름을 붙였으며, 1956년 라이너스와 코언이 최초로 관측했다. 1962년에는 잭 스타인버그, 레온 레더먼, 멜빈 슈바르츠가 뮤온 중성미자를 발견했으며, 마틴 펄은 1974부터 1977년까지 진행한 일련의 실험들을 통하여 타우 중성미자를 발견했다.

전자기 에너지 대략 초속 30만 킬로미터 또는 3억 미터를 이동하는 라디오파, 적외선, 광파, 자외선, 감마선, 우주선(宇宙線) 등으로 이루어진 에너지다.

광자 양자론에서 빛을 특정한 에너지와 운동을 가지는 입자로 취급할 경우에 생각할 수 있는 것으로, 빛의 입자를 말한다.

방사능은 왜 위험할까?

사실 사람들이 두려워하는 것은 단 한 개의 방사선이 아니다. 많은 양의 방사선에 지속적으로 노출되는 것을 경계하는 것이다. 우리는 앞 장에서 작은 연필심의 끝부분에도 엄청난 수의 방사능이 잠재해 있다는 것을 알게 되었다. 방사능의 공격에 대비하기 위해서는 우선 그 양을 정확히 파악해야 할 것이다.

먼저 방사능의 기본 단위인 **베크렐**에 대해 알아보도록 하자. 1베크렐은 1초당 한 개의 방사성 핵종이 변화하는 것을 뜻한다. 그러나 이것은 원자 단계에서의 단위이기 때문에 방사능을 측정할 때에는 10억, 100억 등의 매우 큰 숫자로 표현한다. 또한 베크렐은 방사능의 '선' 방출을 측정하기 때문에 방출된 성분이나 에너지 등과는 관계가 없다.

방사성 핵종의 수는 한계를 지니고 있다. 왜냐하면 일단 안정된 상태가 되면 더 이상 붕괴하지 않기 때문이다. 그러나 방사성 핵종의 수뿐만 아니라 변화에 걸린 시간, 즉 얼마나 빠르게 붕괴하느냐도 방사능의 위험 여부를 결정한다. 이 시간은 방사성 동위 원소에 따라 일정하게 정해져 있으며, 절대 변하지 않는다. 즉 방사성 핵종들은 일정한 비율로 사라진다는 것

작은 연필심의 끝부분에도 엄청난 수의 방사능이 있다.

이다. 이처럼 방사성 동위 원소가 붕괴를 거듭하며 사라져 가는 과정에서 방사능이 처음의 반으로 줄어드는 데까지 걸리는 시간을 **반감기**라고 한다.

따라서 방사능의 양은 방사성 핵종의 수와 그 반감기에 따라 결정된다. 반감기가 짧은 핵종의 경우에는 빠르게 소멸되면서 베크렐이 증가한다. 베크렐의 수는 변화하는 동안에도 계속 달라지는데, 핵이 안정을 찾아가면서 점차 줄어들게 된다.

방사선을 어떻게 피할 수 있을까?

방출된 입자들은 다른 물질에 부딪힐 때까지 각각 독특한 흔적을 남기며 계속해서 퍼져 나간다. 핵반응 장치의 경우처럼 입자의 흐름이 아주 강할 때는 그 입자와 접촉한 물질의 온도가 올라가거나 아예 구조가 달라지기도 한다.

그렇다면 방사선은 어떻게 피할 수 있을까? 먼저 방사선과 관련된 장소에 가까이 가지 않으면 된다. 방사선 구역은 독특한 마크로 구별되는데, 노란색 바탕에 붉은색의 토끼풀 모양이 멀리서 보아도 한눈에 들어온다. 마크에 그려진 중심원은 방사성 동위 원소를 나타내고 주위의 세 잎은 방사선이 퍼져 나가는 모습이다.

그 다음 방법으로는 방사선을 차단하는 벽 뒤에 잘 숨는 것이다. 인체와 방사선 사이에 특정한 물질을 놓음으로써 간단히 차단 벽을 만들 수 있는데, 이러한 벽은 입자를 흡수하거나 그 흐름을 약하게 한다. 가령 알파선은 종이 한 장으로 차단할 수 있고, 베타선은 얇은 금속판으로 차단할 수 있다. 반면 감마선은 두꺼운 납이나 수십 센티미터 두께의 콘크리트가 있어야 차단이 된다. 물이나 콘크리트는 중성자를 흡수할 수는 있지만, 그러기 위해서는 몇 미터 이상의 두께가 필요하다.

그러나 이처럼 방사선을 부득이하게 차단할 경우에는 방사능 입자가 흩어져 둘레로 퍼져 나가지 않도록 유의해야 한다. 특히 인체가 들이마시는 공기나 음식, 음료 또는 상처 부위에 닿아서는 안 된다. 방사능은 인체에 큰 영향을 미칠 수 있으므로 작은 위험에도 각별한 주의를 기울여야 하는 것이다.

2

방사선은 인체에
어떤 영향을 미칠까?

방사선에 인체가 노출되면 어떻게 될까?

알파선, 베타선, 감마선 또는 중성자가 우리의 인체에 들어왔다고 가정해 보자. 다시 말해서 방사선에 노출되면 우리 몸에 과연 어떤 일이 일어나게 될까?

먼저 우리의 인체를 세포로 구성된 기관과 조직의 집합체로 나누어 생각해 보자. 모든 살아 있는 세포는 각기 다른 특성을 지니고 있지만 세포핵 속에 생명의 원리를 지니고 있다는 점에서는 모두 같다. 세포핵 속에는 이중 나선 모양의 분자가 있다. 이것을 DNA˚라고 한다. DNA가 생물학적으로 얼마나 중요한지 우리는 이미 잘 알고 있다. DNA 분자는 이중 나선 모양의 형태로 길게 배열되어 있으며, 세포의 유전 정보를 가지고 있다는 점에서 생명의 핵심을 이룬다고 볼 수 있다.

방사선이 주로 공격하는 것은 바로 이 DNA 분자다. 그렇기 때문에 적어도 이론상으로는 알파선의 약한 공격에도 유전 정보가 손상될 수 있고, 암과 같은 질병이 생길 수도 있는 것이다. 단기적으로 백혈구°와 적혈구°를 생산하는 골수°가 방사능 노출에 가장 민감하게 반응한다. 백혈구가 파괴되면 빈혈이 생기거나 전체적인 면역 기능이 떨어질 수 있다. 강도가 높은 방사능에 부분적으로 노출된 경우에도 피부, 눈, 폐, 소화 기관이 제 기능을 못하게 된다.

방사능으로 오염된 공기나 물, 음식물을 먹으면 훨씬 더 치명적이다. 몸속으로 들어온 방사능의 위험 정도는 몸 밖에서 쪼이는 것의 수십만 배나 더 강할 수 있기 때문이다. 그러나 "방

● ● ● ●

DNA 유전자의 본체. 디옥시리보오스를 함유하는 핵산으로 바이러스의 일부 및 모든 생체 세포 속에 있다. 아데닌, 구아닌, 시토신, 티민의 4종의 염기를 함유하며 배열 순서에 따라 각기 다른 유전 정보를 갖게 된다.

백혈구 골수의 조혈 조직으로부터 만들어지는 골수성의 혈액 세포로, 혈구의 일종이다. 핵을 가지고 있지만 모양이 일정하지 않은 아메바 형태의 세포다. 몸속으로 침투하는 세균을 잡아먹기 때문에 면역 체계에서 중요한 역할을 담당한다.

적혈구 혈액 속에 들어 있는 붉은색의 고형 부분이다. 주로 골수에서 만들어지며, 적혈구 속에 함유되어 있는 헤모글로빈이 산소를 온몸으로 나르는 구실을 한다.

골수 뼈 속에 차 있는 누른빛 또는 붉은빛의 연한 조직이다. 태아기 때부터 평생 적혈구나 백혈구를 생산하는 조혈 작용을 한다.

사선이 사람을 죽인다."고 결론짓는 것은 아직 성급한 일이다.

먼저 대량의 방사선에 노출되는 경우를 살펴보자. 생명의 구조와 원리를 파괴하고 죽음에 이르게 할 정도로 거대한 에너지에 세포가 노출된다면 어떻게 될까? 사실 우리 인체 속에 있는 세포들은 죽고 다시 생겨나기를 끊임없이 반복한다. 따라서 괴사° 세포가 하나쯤 생긴다 해도 그것을 포함하는 조직이나 기관에 피해를 주지 않고 제거할 수는 있다. 그러나 괴사 세포가 매우 많이 생겨났을 경우에는 이야기가 다르다. 그 수가 너무 많아서 제거할 수도 없으며 다시 생겨나는 것도 불가능하기 때문이다. 한마디로 인체의 조직이 제 기능을 다하지 못하게 되는 경우가 발생하는 것이다.

방사선은 이런 식으로 인체에 치명적인 위협을 가할 수 있다. **결정적 영향**은 단기간 대량의 방사선 피폭을 받았을 경우인데, 손상된 세포를 임상적으로 관측할 수 있으며 원인과 증상의 인과 관계가 명확하다. 그러나 같은 상황인데도 불구하고 표면으로 나타나지 않는 경우가 있다. 어떤 조직이 영향을 받았는가, 혹은 방사선의 형태가 어떠한가에 따라서도 큰 차이가

• • •

괴사 생체 세포나 조직의 일부가 죽거나 죽어 가는 상태를 말한다.

생긴다. 이것은 방사선의 양이 인체에 피해를 입히는 절대적인 것은 아니라는 사실을 역설하는 것이기도 한다.

인체와 같은 물질이 흡수한 방사선의 양을 방사선량이라고 한다. 방사선량의 단위는 **그레이**로 나타낸다. 1그레이는 방사선의 영향을 받은 물질 1킬로그램당 흡수된 1줄의 에너지를 나타낸다. 편의상 앞으로는 천 분의 1그레이 즉 밀리그레이로 표기하겠다.

흡수된 방사선이 300밀리그레이 이하인 경우에는 조직에 어떠한 이상도 나타나지 않는다. 300을 넘어서면 백혈구의 일종인 임파구의 수가 일시적으로 줄어드는 것을 관찰할 수 있다. 1,000밀리그레이 이상이 되면 백혈구의 수가 더 줄어들고 구토 증세가 나타나지만 저절로 회복이 된다. 그러다가 방사선량이 3,000밀리그레이를 넘어서면 백혈구의 수가 현저히 줄어들어 인체의 면역 기능이 크게 손상된다. 인체 전체가 5,000밀리그레이의 방사선에 노출될 경우에는 생존율이 50퍼센트 정도로 예상되는데, 병원 치료를 통해 그 확률을 높일 수는 있다. 그러나 인체가 10,000밀리그레이의 방사선에 노출되면 살아나는 경우가 거의 없으며, 15,000밀리그레이를 넘어서면 죽음을 피하기 어려워진다.

만일 방사능이 조직을 파괴하는 역할만 한다면 우리는 방사능이 위험하다는 사실을 쉽게 받아들이게 될지도 모른다. 사실 앞서 언급한 것처럼 많은 양의 방사선은 일상생활에서 접하기 어렵다. 피에르 퀴리°처럼 우라늄 광석을 주머니 속에 늘 넣고 다니거나, 방사능의 위험성에 대해 전혀 몰랐던 시기의 과학자나 의사들처럼 연구에 오랫동안 매진하지 않는 한 말이다. 그들은 열성적인 연구의 대가를 자신도 모르는 사이 감염된 질병과 죽음으로 톡톡히 치러야만 했다.

그러나 우리는 이런 위험한 상황에 맞닥뜨리지 않도록 스스로를 보호할 수 있다. 방사능에 많이 노출될수록 그 영향도 크다는 사실을 알고 있기 때문이다. 이는 햇빛에 노출되었을 때와 마찬가지로 생각할 수 있다. 다시 말해서 잠깐 동안만 햇볕을 쬐면 아무렇지도 않지만 그 시간이 길어지면 피부가 붉게 달아오르게 된다. 햇볕 아래 오래 있을수록 햇볕은 피부에 더 많은 영향을 미친다. 심한 경우에는 화상으로 병원 치료를 받아야 하고, 더 심한 경우에는 햇볕을 많이 받은 부위에 피부암

● ● ●

피에르 퀴리(1859~1906) 프랑스의 물리학자. 원래 자기와 결정 물리학 쪽에 많은 관심을 갖고 연구해 왔으나, 마리 스크로도프스카와 결혼한 뒤로 방사능 연구에 흥미를 느껴 아내와 함께 연구했다. 1903년에 아내 마리 퀴리, 베크렐과 함께 노벨 물리학상을 공동 수상한 뒤 소르본 대학의 교수가 되었다.

이 생겨 생명의 위협을 받을 수도 있다. 따라서 방사능도 이러한 성질을 가지고 있다는 점을 미리 알고서 주의를 기울이면 피해를 방지할 수 있을 것이다.

그러나 우리는 여기서 방사능의 잠복기°에 다시금 주목할 필요가 있다. 인체가 소량의 방사능에 노출되었을 때 반응이 즉시 나타나는 것은 아니지만 방사선이 세포 속의 DNA 분자를 손상시키는 경우가 있기 때문이다. 따라서 세포가 소량의 방사선에 감염되어 있을 때 인체에 어떤 반응이 나타나는지 지금부터 살펴보도록 하자.

방사선 때문에 암에 걸릴 수도 있을까?

알파이건 베타이건 감마이건 간에 방사선은 다양한 방식으로 DNA 분자의 사슬을 끊을 수 있다.

DNA가 끊어진다는 것은 다른 세포가 죽는 것과 크게 다르

● ● ● ●

잠복기 어떤 자극이나 원인이 작용하여 반응이 나타나기까지의 시간이다. 또는 병원체가 몸 안에 들어가서 증상을 나타내기까지의 기간이다. 질병에 따라 이 기간이 일정하지 않다.

지 않다. 매일 DNA 한 가닥에서 150,000개의 끊어진 조각이 생길 수 있는데, 이 조각들은 각 세포 속에 들어 있는 2미터에 이르는 DNA 가닥에 골고루 분포해 있다. 하지만 이러한 손상이 회복될 수 없다면 우리가 살아 있는 것 또한 불가능할 것이다. 우리 인체의 세포는 복원을 담당하는 장치를 가동시켜 600억 킬로미터에 이르는 DNA 속의 유전자 코드를 보존하고 매일 40억 킬로미터를 보충하여 연결한다. 보통 이런 방법으로 손상된 DNA를 회복할 수 있으며, 매일 10개 정도의 세포가 복원되고 있다.

그러나 아주 드물게 복원이 제대로 이루어지지 않는 경우도 있다. 이때는 세 가지의 결말을 예상할 수 있다. 그중 한 가지는 괴사 세포를 만들어 내는 것이고, 다른 한 가지는 세포를 예정된 죽음에 이르게 하는 것이다. 이렇게 죽은 세포들은 자연적으로 제거가 된다. 나머지 한 가지는 DNA의 변이형이 나타나는 경우인데, 바로 이때 문제가 발생한다. 변이형 DNA는 세포를 죽이지는 않지만 나중에 더 큰 위험을 불러일으킬 수 있기 때문이다.

DNA의 변이형으로 나타나는 세포를 돌연변이* 세포라고 부른다. 인체는 돌연변이 세포를 포착하고 제거하는 면역 체계를 가지고 있다. 그런데 이 면역 체계가 얼마나 강하게 작용하느냐에 따라 돌연변이 세포에 대처하는 과정이 달라진다. 면역 기능이 제대로 작동하지 못할 때는 위험한 세포가 인체 내에서 그 힘을 발휘하게 된다. 즉 돌연변이 세포는 끊임없이 불어나게 되고, 뒤이어 암적인 것으로 변할 수도 있다.

이런 상황은 위에서 살펴본 햇볕을 쬐는 경우와는 완전히 다르다. 우리 몸은 구조상 방어 장치를 계속해서 작동하고 있지만 불완전하다는 특징이 있기 때문이다. 처음의 돌연변이 세포가 나중에 가서 암을 불러일으키지 않으리라는 보장이 없는 것이다. 쉽게 말해서 푼돈으로 구입한 복권이 나중에 상상을 초월할 정도의 어마어마한 목돈으로 돌아오는 경우와 비슷하다. 다만 복권은 누구나 일등에 당첨되기를 간절히 바라지만 돌연변이 세포에 의한 암 발생은 그 누구도 바라지 않는다는 것이 다를 뿐이다.

복권 이야기가 나왔으니 한 가지 더 예를 들어 보자. 복권은 당첨금이 크든 작든 복권을 많이 구입할수록 당첨될 확률이 높다. 이와 마찬가지로 앞서 설명했던 일들이 인체에서 발생할

- - - -

돌연변이 생물체에서 어버이의 계통에는 없었던 새로운 형질이 갑자기 나타나고, 이것이 유전되는 현상이다. 유전자 자체의 변화, 또는 새로운 유전자가 추가되거나 결실됨으로써 나타나는 유전적인 변화를 말한다.

복권 당첨은 누구나 바라지만 방사능에 의한 돌연변이는 아무도 원하지 않는다.

확률은 방사선량에 따라 다르다. 즉 방사선에 많이 노출될수록 암이 발생할 가능성도 커지는 것이다. 이것을 **확률적 영향**이라고 한다. 방사선에 얼마나 노출되었느냐에 따라 암의 발생 확률이 증가하지만 얼마 이상에서 발생한다는 정해진 양이 없다. 또한 아무리 많은 양에 노출된다고 해도 암이 발생하지 않으면 이상이 없다고 본다. 즉 아무런 기준이나 조건이 없고 누구에게나 갑작스럽게 나타날 수 있는 것이다. 그렇지만 이것은 아무도 원하지 않는 결과라는 점에서 복권과는 확연히 다르다.

방사선 피폭으로 인한 위험은 어느 정도일까?

방사선 피폭이란 물체가 방사선의 에너지를 흡수하는 현상이다. 이로 인해 발생하는 위험을 예측하려면 물질이 흡수한 에너지의 양을 아는 것만으로는 부족하다. 방사선 입자는 그 종류에 따라 생물에 다양한 영향을 미치기 때문이다.

알파선은 몸 안에서 그 주변의 물질과 강하게 작용하여 국부적으로 막대한 피해를 입히는 반면, 베타선과 감마선은 큰 덩어리로 빠르게 흩어진다. 그리고 중성자는 오랜 기간 동안 물질을 조금씩 손상시킨다. 중성자로 인한 피해는 중성자 에너지에 5~20을 곱하여 측정하고, 알파선의 경우에는 알파선 에너지에 20을 곱하여 나타낼 수 있다.

방사선 입자와 접촉한 세포는 돌연변이 세포처럼 암을 발생시킬 수도 있다. 암 발생을 예측하려면 방사선이 어떤 세포에 흡수되었는지도 잘 살펴보아야 한다. 방사선에 접촉한 세포가 어느 조직에 속하였는가에 따라 그 위험도를 여러 단계로 나눌 수 있는데, 조직 가중치라 하는 숫자가 높아질수록 위험이 크다는 것을 의미한다. 피부와 뼈는 가장 덜 위험한 곳이라고 할 수 있으며, 골수, 폐, 결장,[•] 위는 더 위험한 곳이고, 기타 생식선이 가장 위험하다.

방사선이 인체에 미치는 영향은 **시버트**라는 단위로 계산한다. 시버트는 방사선으로 인한 생물학적 효과만을 나타내는 단위다. 편의상 앞으로 나오는 수치는 천 분의 1시버트 즉 밀리시버트 단위로 표기하겠다.

온몸이 베타선과 감마선에 노출되었을 때 1밀리시버트는 1밀리그레이에 해당한다. 이 때문에 인체가 베타선과 감마선에 노

● ● ●

결장 맹장과 직장을 잇는 큰창자의 한 부분이다. 작은창자에서 소화된 음식물에서 수분을 흡수하는 역할을 한다.

출된 경우에 밀리시버트와 밀리그레이를 혼동하는 일도 있다. 그러나 어찌 됐건 여기에서는 밀리시버트에 대해서만 이야기하도록 하자.

방사선량은 정도마다 차이가 있다. 많은 양에 노출될수록 암 발생률도 커진다. 예를 들어 약 100밀리시버트에서 10,000밀리시버트 사이에서는 1,000밀리시버트당 5퍼센트씩 그 위험이 증가한다. 즉 위의 경우에는 0.5퍼센트에서 50퍼센트까지의 차이가 있는 것이다.

소량의 방사선에는 어떻게 대응해야 할까?

방사선이 수백 밀리시버트 이하인 소량의 경우, 방사선을 규제하는 방법에 있어서 의견의 차이는 매우 크다. 그 논란은 무엇보다 기초 자료가 부족한 데서 비롯된다고 할 수 있다. 50밀리시버트에서 100밀리시버트 이하의 방사선은 인체의 건강에 아무런 영향을 미치지 않거나 영향이 있다고 해도 직접 관찰할 수가 없다. 그 정도가 너무 작아서 파악이 불가능하기 때문이다.

이렇다 보니 미세량의 방사능에 대해서는 정확한 정보를 기대하기가 어렵다. 결국 이 문제는 과학적인 자료를 토대로 하기보다는 철학적이거나 정치적인 이유로 인한 세 가지 입장을 만들어 낸다.

국제적인 법규를 살펴보면 방사선에 대한 경계를 그 원칙으로 내세우고 있다. 소량의 방사선에 대해 충분한 정보가 없으므로 다량의 방사선의 경우와 마찬가지로 취급하여 미리 조심하자는 입장이다. 따라서 그 양과 상관없이 1밀리시버트당 0.005퍼센트의 위험이 증가한다는 기준을 똑같이 적용하자고 주장한다. 방사선을 너무 부정적으로만 생각하고 있고 극히 위험하게 여기는 방안이기는 하지만 그 위험을 확실히 예방할 수는 있을 것이다.

극단적인 입장에서는 예방의 차원을 넘어 엄격한 법규를 적용하자고 말한다. 최초의 베크렐이 이미 DNA의 가닥을 끊어 치명적인 암을 발생시킬 수 있다고 보기 때문이다. 이러한 결과가 전혀 불가능하다는 명확한 반대 자료나 근거도 없으므로 방사선의 양이 아무리 적은 경우라도 매우 위험할 수 있다는 것이 이들의 주장인 셈이다.

세 번째 입장은 우리가 지닌 과학적 자료들을 토대로, 소량의 방사선을 다량의 방사선과 똑같이 취급하는 것에 반대한다. 방사선이 일정한 양 이하일 때는 어떠한 영향도 미치지 않을 것이라고 믿기 때문이다. 이들은 다량의 방사선이 인체나 생명에 영향을 주려면 적어도 소량일 때보다 3~10배 정도는 많아야 가능하다는 것을 근거로 내세운다. 그러나 방사능이 암을 유발할 가능성이 그리 크지 않으며, 소량일 경우에는 해가 없다는 이들의 주장을 사실화시키려면 이를 뒷받침해 줄 수 있는 좀 더 많은 사례와 연구가 진행되어야 할 것이다.

방사선량에 따라 암 발생률이 달라질까?

아래의 내용은 방사선이 인체에 미치는 영향에 대해 간단히 요약해 본 것이다.

──100밀리시버트 이하 : 결정적인 영향은 없다. 당장 눈에 보이지는 않지만 방사선량에 비례하여, 즉 방사선의 양에 따라 상대적으로 확률적인 영향을 줄 수 있을 것으로 추측된다. 영향의 결과가 클 것이라기보다는 발생하는 정도가 잦다는 점이 특징이다. 우리가 일상생활에서 받는 자연 방사능의 수준이나 원자력 발전소 또는 원전 수거물 처분 시설에서 받는 인공 방사능의 수준이 대부분 여기에 속한다고 할 수 있다.

——100~1,000밀리시버트 : 암 발생률이 조금씩 증가한다는 사실이 과학적으로 증명되기도 했다. 결정적 영향은 거의 나타나지 않는다. 그러나 심각한 손상이 있을 수도 있으므로 법적으로 규제하는 양이다.

——1,000~10,000밀리시버트 : 확률적 영향이 증가하기 시작하며 조직과 기관이 조금씩 손상된다. 양에 따라 점점 빨리 손상되며, 그 정도도 심각해진다. 강력한 규제가 필요하며, 심한 경우 격리 치료를 감행해야 한다.

——10,000밀리시버트 이상 : 살아남기 어렵다. 단 며칠 사이에 결정적 영향으로 죽을 수 있다.

이 기준을 참고로 하여, 이제 우리가 일상생활 속에서 접하는 자연 방사능에 대해 알아보도록 하자. 우리는 1년 동안 약 1밀리시버트의 자연 방사능을 흡수하게 된다. 이것은 앞서 살펴본 단계 중 1단계에 해당한다고 할 수 있다.

자연 방사능도 위험할까?

한마디로 말해서 그렇다고 할 수 있다. 방사능은 자연 속에도 확실히 존재한다. 방사능 자체가 자연적인 현상이기 때문에 이것은 그다지 놀라운 일이 아니다. 사실 우리는 태어나면서부터 자연 방사능 속에서 자라 왔다. 자연 방사선으로는 빛, 태양열, 우주선* 등이 있으며, 우리가 먹는 음식물에도 자연 방사능이 포함되어 있다.

지구가 생겨날 때에도 어마어마한 방사능이 존재하였다고 한다. 이 방사능 동위 원소들은 이후 점차 사라지게 되었는데, 사라지기까지 걸리는 시간이 각각 달라서 속도가 느린 것은 지금까지도 남아 있다. 초기 방사성 구름*에서부터 우라늄 235와 238, 토륨 232 그리고 포타슘 40이 남았다. 이 동위 원소들은 붕괴하여 라듐*과 라돈*을 만들어 냈는데, 이들은 오늘날에도 끊임없이 방사선을 방출하고 있다.

● ● ●

우주선(宇宙線) 우주에서 끊임없이 지구로 내려오는 매우 높은 에너지의 입자선을 통틀어 이르는 말. 우주에서 직접 날아오는 양자 및 중간자를 일차 우주선, 대기 속에 있는 분자와 충돌하여 이차적으로 생긴 음전자와 양전자를 이차 우주선이라고 한다.

방사성 구름 여기서는 실제 구름이 아니라 오염된 공기가 뭉쳐 날아가는 것을 뜻한다.

라듐 1898년 퀴리 부부에 의해서 폴로늄과 함께 우라늄 광석에서 발견된 최초의 방사성 원소이다. 방사능은 우라늄에서 처음으로 발견되었으나, 라듐이 우라늄보다 훨씬 강한 방사능을 갖는다.

우주는 늘 변화무쌍하며 살아 움직이기 때문에 우주 저편에서 날아온 우주선이 지구와 충돌하여 탄소 14와 수소 3(삼중 수소)과 같은 방사성 동위 원소를 만들어 내기도 한다. 이러한 우주선을 통해 우리는 매년 약 0.4밀리시버트의 방사선을 흡수한다.

반면에 화석에서 방출하는 자연 방사능은 2밀리시버트 정도인데, 그중 4분의 3은 우리가 호흡하고, 마시고, 먹는 중에 몸속으로 흡수된다. 그러나 화강암이 많은 지방에서 살 경우에 이 수치는 변하게 된다. 예를 들어 프랑스의 오트비엔 또는 브르타뉴 지방에서 거주하면 방사선 피폭량이 0.5밀리시버트 정도 증가한다. 특히 통풍이 잘 되지 않는 화강암 재질의 집에서 살 경우에는 방사선 피폭량이 10밀리시버트까지 증가한다. 라돈의 농도가 점점 높아지기 때문이다. 인도의 케랄라 주에서도 그와 비슷한 현상이 나타난다. 케랄라에서는 자연 방사능으로 인한 방사선량이 많게는 50밀리시버트에 이르기도 한다.

● ● ●

라돈 1898년 퀴리 부부는 라듐 화합물 주변의 공기가 방사능을 띤다는 것을 발견하였는데, 이것은 라듐에서 발생하는 방사성 기체 때문이라는 사실이 이후에 밝혀졌다. 이 방사성 기체는 비활성 기체의 하나로, 1923년 국제 회의에서 라듐에서 태어났다는 뜻의 라돈이라는 이름이 정식으로 채택되었다.

수치가 변할 수 있는 또 다른 장소로는 고지가 있다. 평지보다 고도가 높은 땅은 우주선과 자외선을 차단해 주는 공기층의 두께가 얇기 때문이다. 이와 같은 이유로 눈이 많이 내리는 지역에 있거나 비행기를 타고 몇 시간 거리를 비행할 때도 0.1밀리시버트 이하의 매우 적은 양의 방사선이 더해진다. 비행하는 직업을 가졌거나 여행을 자주 하는 사람의 경우도 방사선의 피폭량이 더 높아질 수 있다.

　그러나 방사선량이 이처럼 적은 경우에는 지금껏 어떤 확률적 영향이나 결정적 영향도 발견되지 않았다. 따라서 밀리시버트당 0.005퍼센트의 암 발생률을 일반적인 기준으로 삼는다고 해도, 이 또한 극도로 낮은 수치여서 암이 생겼다는 것을 알아내기란 거의 불가능하다고 보아야 한다.

3

원자력 발전소는
정말로 위험할까?

원자로의 안전장치는 믿을 수 있을까?

일반적으로 원자력˚ 발전소가 인근에 방출하는 방사능의 양은 너무 적어서 실제로 얼마나 위험한지 예측하기란 어렵다. 이처럼 방출되는 방사능이 적은 것은 혹시라도 방사능 물질이 밖으로 새어 나갈 것을 대비하여 안전 시스템이 철저하게 작동되고 있기 때문이다. 원자로 중심의 방사능은 100만 테라베크렐(10^8베크렐)에 이르기 때문에 노출되지 않도록 하는 것이 당

• • • •

원자력 원자핵의 변환으로 인해 방출되는 에너지. 원자 에너지 또는 핵에너지라고도 한다. 방사성 원소가 자연히 붕괴할 때 나오는 방사선 에너지도 넓은 의미에서는 여기에 해당하지만 일반적으로는 인위적으로 원자핵 변환을 일으키게 함으로써 이용 가능한 에너지로 추출한 것을 말한다.

연하다. 다량의 방사능 입자가 원자로 주변으로 새어 나가면 최악의 상황이 발생할 수도 있기 때문이다.

기술자들은 언제나 모든 시스템이 위험할 수 있다는 가정하에 만의 하나라도 일어날지 모르는 불행한 사태에 늘 철저히 대비한다. 기술적인 장치를 안전하게 할 뿐만 아니라 여러 겹의 방어선을 설치하여 사고를 방지한다. 이러한 다중 방어는 오랜 옛날 전쟁이 일어났을 때 긴 대열로 겹겹이 서 있던 군사들을 떠올리면 이해하기가 더 쉬울 것이다. 다중 방어를 하면 동시에 많은 고장이 나지 않는 한 안전장치가 작동하여 사고가 날 가능성이 훨씬 낮아진다. 기술자들은 바지가 흘러내리지 않도록 허리띠와 멜빵을 둘 다 착용하는 사람처럼 좀 더 안전한 방법과 기술을 찾기 위해 늘 고민하고 있다.

현재 원자로 인해 큰 사고가 발생할 가능성은 매우 낮다. 그 수치가 원자로당 매년 10,000분의 1 미만이며, 1,000,000분의 1에 달하는 경우도 있다. 원자력 발전소 주변에 사는 사람들은 극히 낮은 준위의 방사선에 노출되게 되는데, 이 정도로는 인체에 나쁜 영향이 미치지 않는다. 가장 가까이에서 접촉한 사람에 한해서 암 발생률이 1퍼센트 정도 증가한다고 한다.

때때로 가벼운 사고가 발생하더라도 노출되는 최대 방사선량은 0.01밀리시버트에 불과하다. 이렇게 수치가 낮은 이유는

앞에서 말한 안전장치 때문이다.

기술자들은 이처럼 수학적 확률이나 수치에 많이 의존한다. 그러나 일반 사람들의 입장에서 보면 그것은 그저 숫자일 뿐이다. 확률을 계산해 가며 복권을 사는 사람이 과연 있을까? 수학적으로 계산해 볼 때 당첨될 가능성이 거의 없다는 것을 잘 알면서도 대부분 부푼 희망을 안고 복권을 산다. 이와 마찬가지로 분석적으로는 아무리 위험이 없다고 해도 심각한 사고에 대한 두려움을 떨쳐 내기란 어려운 것이다.

서구형 원자로에서도 대형 사고가 난 적이 있다. 1979년 3월 28일, 미국 펜실베이니아 주 스리마일 섬에서 발생한 사고는 우리에게 여러 가지 면에서 큰 교훈을 주었다. 즉 심각한 방사능 유출 사고는 거의 일어나지 않지만 전혀 발생하지 않는 것은 아니며, 숙련된 기술자도 실수를 할 수 있다는 것이다. 또한 긴급 상황을 대비한 모의실험과 사전 점검, 완벽한 시스템 자동화의 중요성이 더욱 강조되었다.

스리마일 섬 사건을 통해 또 하나 얻은 것이 있다면 방사성 동위 원소를 가두는 방어선을 실제로 작동하고 시험해 볼 수 있었다는 것이다. 이 사고에서는 급수 계통에 이상이 생겨 원자로 내부가 파괴되었는데, 다행히 외부로 새어 나간 방사능 물질은 거의 없었다. 사건 발생 이후 그 지역의 어린이들을 조사하였으나 방사선량이 극히 적었기 때문에 그 어떤 이상도 나타나지 않았다. 인근에 살던 주민들 역시 인체에 직접적인 피해를 입지는 않았다. 그러나 완벽할 것이라고 믿었던 안전장치가 사실은 그렇지 않을 수도 있다는 점에서는 모두에게 커다란 충격을 안겨 주었다.

체르노빌 사고는 어떤 피해를 남겼을까?

1986년 4월 26일, 우크라이나에 위치한 체르노빌 원자력 발전소의 제4원자로가 폭발했다. 흑연에서 발생한 불길은 10일 동안 높이 치솟아 올랐고, 대량의 방사성 동위 원소가 공기 중으로 급속히 퍼져 나갔다. 최악의 상황이 눈앞에 펼쳐진 것이다. 구름 모양으로 하늘 높이 떠오른 방사성 물질은 유럽 전역으로 퍼져 나갔으며, 오랫동안 화재가 계속되어 많은 피해가 발생하였다.

이 사고는 보건적, 사회적, 환경적, 경제적, 정치적으로 엄청난 피해를 불러일으켰다. 특히 사고가 발생한 이후로도 몇 년 동안 피해가 주변국까지 계속 확대되어 사상 최고의 재난으로 기록되기에 이르렀다.

이 사고의 피해 정도는 이미 잘 알려져 있지만 여기서 몇 가지 중요한 점을 다시 한 번 짚어 보도록 하자.

──사건 초기 복구에 참여한 작업자 중 44명이 사망하고 일부 인근 주민이 사망할 정도로 대량의 방사능이 방출되었다.

──인근으로 대피한 주민 13만 5,000명이 평균 10밀리시버트의 방사능에 노출되었는데, 이는 암 발생률을 0.1퍼센트 정도 증가시킬 수 있는 양이다. 또한 짧은 시간 동안 방사능에 갑자기 노출되었기 때문에 그 위험은 기본적인 수치의 두 배, 즉 1밀리시버트당 0.01퍼센트가 된다.

──사고 발생 후 상당 기간이 지난 후, 정화 작업에 참여한 다수의 사람들이 평균 100밀리시버트의 방사능에 노출되었는데, 이는 암 발생률을 1퍼센트 정도 증가시킬 수 있는 양이다. 그러나 이들이 흡수한 방사선량은 저마다 차이가 커서 정확히 예측하기가 어렵다.

──1세제곱미터당 60만 베크렐 이상의 방사능으로 오염된 지대에 27만 명의 주민이 거주하고 있었다. 오염된 토양에서 생산된 음식을 섭취할 경우에 평균 50밀리시버트의 방사능에 노출될 수 있다. 이는 암 발생률이 0.6퍼센트 증가할 수 있는 수치다.

——오염도가 낮은 지역에 거주한 370만 명은 평균 7밀리시버트, 즉 0.07퍼센트의 암 발생률 증가를 가져오는 방사능에 노출되었다.

——사고 발생 후 한 시간 이내에 요오드 131에 노출된 어린이들은 갑상선암에 걸릴 확률이 크게 증가하였다. 사고 당시 어린이였던 사람들이 갑상선암에 걸리는 사례가 1990년 이후 무려 2,000건을 넘어섰다. 잠복기를 거쳐 병이 발생할 수도 있으므로 앞으로 그 수는 더욱 증가할 것으로 예상된다.

이 밖에도 인류 최대의 재난을 겪은 생존자들은 스트레스 장애˚에 시달려야 했으며, 경제적으로도 어마어마한 손실을 입었다. 앞서 살펴본 것처럼 체르노빌 원전 사고의 피해자는 초기 복구에 참여한 소방관과 작업자, 인근의 어린이들, 정화 작업에 참여한 사람들 등으로 매우 다양했다. 방사능의 양에 따라 피해의 정도도 달랐으며, 주민들은 대피하는 동안 예상치

• • •

스트레스 장애 신체적인 손상 및 생명을 위협하는 심각한 상황에 직면한 후 나타나는 정신적인 장애가 1개월 이상 지속되는 질병이다. 증세는 크게 과민 반응, 충격의 재경험, 감정 회피 또는 마비로 나눌 수 있는데, 개인에 따라 충격 후에 나타나거나 수일에서 수년이 지난 후에 나타날 수도 있다.

못했던 사고로 인해 큰 정신적인 충격에 시달려야 했다.

게다가 이 지역의 토양과 농작물은 앞으로도 수십 년 동안 방사능에 오염된 상태로 남아 있을 것이다. 그리고 아직 밝혀지지는 않았지만 또 다른 위험이 어디엔가 도사리고 있을지도 모른다. 국가와 지역 주민들은 앞으로도 그 오염도를 줄이기 위해 계속 노력해야 할 것이다. 다시 말해서 체르노빌 원전의 방사능 노출은 비록 아무도 원하지 않았지만 이제 방사능과의 '더불어 살기'를 할 수밖에 없는 심각한 결과를 초래한 것이다.

방사능에 오염된 버섯을 먹어도 될까?

체르노빌 사건은 유럽 사람들에게도 엄청난 피해를 주었다. 물론 서유럽은 그다지 큰 피해를 입지는 않았다. 왜냐하면 유럽까지 날아온 방사성 동위 원소의 대부분이 지표면에서 분해되었기 때문이다. 앞에서 말했듯이 방사성 원자핵은 안정된 상태에 이르러 붕괴를 멈추기 전까지만 방사선을 방출한다. 방사능이 유럽에 다다랐을 때는 이미 대부분 붕괴를 멈춘 상태였고, 따라서 다른 원자와 접촉하게 되어도 다시 방사선을 방출하지는 않았다. 방사능은 바이러스, * 프리온, * 암세포 등과는

방사성 동위 원소는 안정된 상태에 이르면 방사선 붕괴를 멈춘다.

달리 스스로 번식할 수 없는 물질이기 때문이다. 원자로에서 생성된 방사능은 각각 방출할 수 있는 방사선량이 한정되어 있어서 그 양을 전부 방출하고 나면 전혀 해가 없는 물질이 된다. 이것은 방사선 자체에 에너지가 워낙 많아서 다른 원자를 자극할 수는 있지만 이 에너지 또한 시기가 지나면 다시 원래의 상태로 되돌아간다는 특징을 보여 준다.

요오드와 세슘에서 비롯된 방사성 동위 원소들은 유럽 전역에 넓게 퍼졌기 때문에 농도가 연해져서 영향을 크게 미치지는 못하였다. 한 예로 프랑스는 체르노빌 피폭 사건의 영향을 거의 받지 않았다. 사고 이후 한 달간 누적된 방사능의 노출량은

• • • •

바이러스 살아 있는 세포 내부에서 자신의 유전자를 끊임없이 변화시켜 증식할 수 있는 미세한 생명체다. 조류 독감을 비롯해 에이즈, 사스, 암, 독감 등 치명적인 질병을 가져다주기도 하지만 모든 바이러스가 인류에게 해를 끼치는 것은 아니다.
프리온(prion) 광우병(狂牛病)을 유발하는 인자다. 단백질(protein)과 바이러스 입자를 뜻하는 비리온(virion)의 합성어로, 1982년에 미국의 프루시너가 붙인 이름이다. 말 그대로 바이러스처럼 전염력을 가진 단백질 입자라는 뜻이다. 프리온은 박테리아나 바이러스, 곰팡이, 기생충 등과는 전혀 다른 종류의 질병 감염 인자로, 보통 바이러스보다 훨씬 작으며 동물에 감염되면 뇌에 스펀지처럼 구멍이 뚫려 신경 세포가 죽음으로써 뇌 기능을 잃게 만드는 인자다. 이 밖에 프리온은 알츠하이머병에도 영향을 미치는 것으로 알려져 있다. 프리온의 존재를 밝혀낸 공로로 프루시너는 1997년에 노벨 생리 의학상을 수상하였다.

한 사람당 평균 0.06밀리시버트에 불과했다. 물론 지역마다 차이는 있었다. 서부의 경우에는 0.005밀리시버트인 반면 남동부의 경우에는 0.17밀리시버트까지 증가했다. 그러나 이것은 우크라이나와 벨로루시의 오염 지역에 비하면 1,000분의 1에 불과하다. 게다가 이 수치는 내부에서 방출되는 방사선량과 외부에서 들어온 방사선량을 모두 더한 수다.

여기에는 요오드 131, 세슘 134와 137에서 방출된 방사선도 포함된다. 요오드 131과 세슘 134는 반감기가 짧아서 전부 사라졌지만, 세슘 137은 체르노빌 사건이 일어난 지 15년이 지난 오늘날에도 남아 있다. 프랑스 국토의 절반에 이르는 지역에서 나타나는 세슘 방사능은 1세제곱미터당 1,000~6,000베크렐로 예상된다. 국토의 나머지 절반에는 1960년대의 핵 실험으로 인해 생겨난 방사능이 남아 있다. 세슘의 농도는 강우량과 지면의 형태에 따라 조금씩 달라진다. 가령 현재 세슘의 농도가 가장 높은 곳은 메르캉투르 산악 지대에 있는 한 숲을 들 수 있는데, 그곳은 다른 지역보다 약 10배가량 높은 수치를 기록하고 있다.

오염이 집중되어 있는 작은 농토가 아닌 이상 방사능이 인체에 미치는 영향은 거의 없다고 보아도 무방하다. 또 오염되었다고 하더라도 수십 밀리시버트에 달하는 벨로루시에 비하면 아무것도 아니다. 따라서 세슘으로 가득한 농토에서 재배한 버섯을 가끔 먹는 정도라면 그다지 위험하지 않다. 그러나 실제로 그런 버섯을 먹기는 힘들다고 봐야 한다. 인체에 해가 없다고 하더라도 방사능과 관련된 엄격한 법규 때문에 그런 버섯을 구할 수조차 없기 때문이다.

원자력 가까이에서 일을 하면 위험할까?

"원자력 가까이에서 일을 하면 위험할까?"

혹시 이 질문에 대해 "아니오."라고 대답했다면 원자력의 안전장치가 생각보다 매우 안전하다는 것을 알고 있는 사람이다. 아니면 원자력과 관련된 일을 하는 사람일 것이다. 그 외 대부분의 사람들은 원자력이라는 말만 들어도 무턱대고 매우 위험하다고 생각할 것이기 때문이다.

방사선 방어에 관련된 국제 법규를 보면 원자력 관련 직업이 다른 직업에 비해 특별히 위험하지 않다는 것을 알 수 있다. 물론 만약의 경우를 대비하여 노출되어도 괜찮은 최대한의 방사선량도 정해져 있는데, 5년간 100밀리시버트, 즉 매년 평균 20밀리시버트로 연간 50밀리시버트를 넘지 않는다. 이는 자연 방사능의 약 10배에 해당하는 양이다.

이 밖에도 법규를 최대한 엄격하게 지킬 것과 인체에 흡수되는 방사선량을 줄이기 위해 최선을 다해야 한다는 내용도 포함되어 있다. 마지막 원칙이 가장 중요하다. 적합한 이유 없이 방사선에 노출되면 안 된다는 것이다. 즉 방사선에 노출되지 않고서는 도저히 할 수 없는 일일 경우에만 노출을 허용한다는 뜻이다. 이 세 가지 법규는 현재까지도 강력하게 지켜져 오고 있다.

핵폐기물은 어떻게 처리해야 할까?

핵폐기물은 다른 독성 물질과 달리 일정한 시간이 흐르면 방사능 독성이 사라진다. 따라서 방사성 동위 원소가 필요 없어지면 사라질 때까지 그대로 기다리면 된다. 다시 말해서 문제가 되는 방사능도 언젠가는 함께 사라지게 마련이다. 방사성 동위 원소의 반감기는 짧게는 백만 분의 1초에서 길게는 10억 년에 이르기까지 매우 다양하다. 수십 년 이하의 반감기를 가진 동위 원소는 그 독성이 사라질 때까지 기다리면 되고, 반감기가 매우 긴 원소의 경우에도 서서히 소멸하도록 내버려 두면 된다. 하지만 100년에서 100만 년에 이르는 과도기적 동위 원소가 지구상에 다시 등장한다면 그것은 문제가 된다. 인간에게 해를 끼칠 것을 생각할 때 그 기간이 너무도 길기 때문이다.

물론 이에 대응하는 방법도 있다. 여기서는 크게 세 가지로 요약해 보자. 첫 번째 방법은 우주 밖으로 멀리 내던져 버리는 것이다. 예를 들어 태양을 향해 던지면 아무 문제가 없다. 이것은 참으로 간단한 해결 방법이지만 실현 불가능에 가깝기 때문에 그다지 좋은 해결책은 못된다.

두 번째 방법은 원소에 힘을 가하여 반감기가 짧은 동위 원소로 변질시키는 것이다. 이 방법은 실제로 연구되기도 했지만 비용이 너무 많이 들고 다른 문제를 불러일으킬 수도 있다는 점에서 실용적이지도 못하고 위험 부담도 크다. 원하는 대로 변질되지 않는 동위 원소가 있을 수도 있으며, 변질된 것을 처리하기가 곤란한 경우도 또다시 존재하기 때문이다.

세 번째 방법은 100만 년 동안 방사성 물질을 잘 보관할 수 있는 장소를 찾아내는 것이다. 방사성 물질의 처리 문제로 고민하는 많은 국가들이 물이 스며들지 않는 안정적인 지층을 찾기 위해 노력하고 있다. 특히 프랑스는 17,000년 전에 만들어진 후 그 모습을 그대로 유지하고 있는 퇴적층 연구에 집중하고 있다. 지하 500미터에 위치하고 있는 이 퇴적층은 두께가 130

미터인데, 물이 거의 스며들지 않고 갈라진 틈도 없어 겉으로 보기에는 방사성 물질을 보관하기에 알맞아 보인다. 앞으로 이 점토층을 연구하기 위해 뫼즈 군과 오트마른 군의 경계 지역에 지하 연구소가 들어서게 될 것이다.

이처럼 지하 깊숙이 존재하는 지질층은 오랜 시간을 견디어 내는 금고 역할을 할 것이다. 금고 속에 갇힌 방사성 동위 원소는 아주 적은 양의 방사선만을 방출하게 될 것이고, 그 방사선이 우리가 마시는 물에 닿으려면 적어도 백만 년의 시간이 필요할 것이다. 설사 접촉하게 된다고 하더라도 천분의 1시버트보다 작은 단위가 필요할 만큼 아주 적은 양일 것이다. 즉 방사선은 우리에게 어떤 영향도 미치지 못할 것이며, 아마 우리의 후손들도 그것이 있는지조차 알아챌 수 없을 것이다.

물론 이것은 아무런 문제가 발생하지 않을 경우다. 지질층이 금고의 역할을 잘 수행하고, 폐기물도 우리가 원하는 그대로 얌전히 있어 줄 뿐만 아니라 갑작스러운 사고가 생기지 않는 경우를 두고 하는 말이다. 만약 이 중 어느 하나라도 잘못된다면 언제든 불행이 닥칠 수 있다.

4

방사능의 위험에
대비할 수 있을까?

'알라라'와 '바나나'는 무슨 뜻일까?

지금까지 우리가 살펴본 내용을 미국인들은 알라라(ALARA)라는 짧은 단어 안에 모두 담았다. 이는 '합리적으로 가능한 수준의 최소화(As Low As Reasonably Achievable)'라는 뜻이다. 이것이야말로 이 책에서 말하는 핵심 내용이다. 즉 방사능은 때에 따라서 매우 위험하지만 그 위험 정도를 최소화하는 수준에서 사용할 수 있다는 것이다.

산업적 이용을 위한 대량의 방사능은 위험하다. 하지만 전혀 위험하지 않게 만들 수는 없어도 그 위험에 맞닥뜨릴 가능성을 낮추는 것은 가능하다. 지나친 낙관주의도 안 되지만 극단적이고 부정적인 시각만을 고수하여 산업 발전을 가로막아서도 안 된다. 따라서 방사능은 현재의 기술적인 수준과 경제적 수준을 고려해서 합리적으로 가능한 한 위험을 최소화하여 사용해야 한다.

알라라 원칙은 우리가 어떻게 행동해야 할지도 알려 준다. '확신이 설 때에도 의심이 들 때와 마찬가지로 조심스럽게 나아가라.'는 뜻을 지니고 있기 때문이다.

그러나 방사능의 위험을 알고 대비하는 사람들이 꼭 그 위험에 부딪히게 되는 것은 아니다. 그것은 먼 미래의 우리의 후손들이 겪게 될 일일 수도 있고, 다른 나라와 다른 지역 사람들이 겪게 되는 일일 수도 있다.

핵은 미사일과 같은 군사적인 용도로 이용되면서 우리에게 무시무시한 괴물 같은 존재로 낙인찍혔다. 수치상으로 예측된 위험과 실제로 발생하는 위험의 정도 차이가 너무 크고 치명적이라는 점에서 핵에 대한 이미지는 더욱 부정적으로 굳어진 게 사실이다. 이러한 이유로 인해 핵은 합리적으로 검토하고 해결하기가 매우 힘들다. 핵폐기물의 경우만 하더라도 그것을 저장하기 위한 기술적인 방법들이 의견을 달리하는 많은 사람들과 제약들 때문에 실질적으로 진행되지 못하고 있는 실정이다.

이와 같은 상황은 복제, 온실 효과, 에이즈, 광우병, 유전자 변형 생명체˚와 같은 다른 기술적인 문제에서도 마찬가지다. 과학과 산업이 발달할수록 앞으로 이런 문제들은 더 증가할 추

세다.

한 가지 다행스러운 것은 이제 정치인들 사이에서만 원하는 대로 의사가 결정되고 기술적인 타협이 이루어지는 시대는 지났다는 점이다. 그러나 의사 결정을 어렵게 하는 새로운 요소가 또 생겨났다. '바나나(BANANA) 증후군'이 바로 그것이다. 이는 '어디든지 사람이 살고 있는 근처에는 아무것도 짓지 말라.(Build Absolutely Nothing Anywhere Near Anybody)'는 뜻으로, 강력한 지역 이기주의를 나타내는 말이다. 더 나아가 이 말은 기술주의에 반대하는 사람들의 입장을 표명하고 있다. 이들은 불친절한 종업원의 태도에 실망하듯 과학 기술의 결과에 실망한 사람들이다. 그래서 실수 없는 완벽한 서비스를 바라듯이 소음이 없고, 청결하며, 경제적이고, 사고도 없는 완벽한 기술을 원하는 것이다.

● ● ●

유전자 변형 생물체(GMO) 생산성 향상과 상품의 질 강화를 위해 본래의 유전자를 변형시켜 생산한 농산물 등을 말한다.

방사능에 대한 확실한 해결책은 없을까?

이제 기술이 발전하면서 어쩔 수 없이 생겨난 작은 불편함들은 무조건 받아들이라고 강요할 수 없는 시대가 왔다. 사회의 여론, 즉 어떤 정책이나 사안에 직접적으로 관련된 사람들의 의견 수렴을 통해서만이 그것이 실효성을 갖게 된 것이다. 이처럼 오늘날에는 어떠한 의사를 결정할 때 보다 민주적이고 복잡한 과정을 거쳐야 한다.

모두에게 공평하고 지속적인 발전을 이끌어 내기 위해서는 아무 결정을 내리지 않은 채 그저 지켜보는 일은 없어야 한다. 아무런 결정도 내리지 않는 것은 잘못된 결정을 내리는 것과 마찬가지기 때문이다. 모두에게 공평한 결정이 내려지려면 아무 말 없던 사람들도 입을 열어야 하며, 그와 동시에 자신이 한 말에 대해 책임을 질 줄 알아야 한다.

모두의 이익과 특정 지역의 피해, 실제로 닥쳐올 위험과 우리가 예측하고 있는 위험, 이미 알려진 해로운 점과 앞으로 확인해야 할 유익한 점을 우리는 모두 같은 기준으로 적용하고 비교해야 한다. 따라서 다양한 이해관계와 입장이 복잡하게 얽혀 있는 상황 속에서 보다 합리적이고 확고한 결정을 이끌어 내는 데 주력해야 할 것이다.

이러한 문제점들을 해결하기 위한 이야기를 나눌 때 사람들은 방사능에 대하여 이렇게 물을 것이다.

"방사능은 정말 위험할까요?"

그리고 이 질문을 시작으로 사람들 사이에서는 많은 대화가 전개될 것이고 해답을 찾는 과정이 다양한 방식으로 진행될 것이다. 만약 그 질문에 대한 해답을 다행히 이 책에서 찾아낼 수 있었다면 우리는 모두 올바른 항구에 도착한 셈이다.

더 읽어 볼 책들

- 박종관, 『공포의 핵을 잡아라』 (아이앤북, 2003).

- 정완상, 『퀴리 부인이 들려주는 방사능 이야기』 (자음과 모음, 2005).

- 황중환, 『재미있고 신비한 방사선의 세계』 (산하, 2005).

- 나오미 파사초프, 강윤재 옮김, 『라듐의 발견과 마리 퀴리』 (바다출판사, 2002).

- 다카기 진자부로, 강현옥 옮김, 『청소년을 위한 마리 퀴리 따라잡기』 (파라북스, 2005).

논술·구술 시험은 논리적이고 종합적인 사고를 요구한다. 다음에 제시된 문제는 이 책의 주제와 연관이 있는 논술·구술 기출 문제이다. 이 책을 통하여 습득한 과학적 지식과 원리, 입체적이고 논리적인 접근 방식을 활용하여 스스로 문제에 답해 보자.

▶ 방사성 폐기물 처리장 건립을 위한 사회적 합의가 늦어지고 있는 이유를 사회 과학도의 관점에서 분석하여 보시오.

옮긴이 | 정은비

한국외국어대 불어과를 졸업했으며, 파리 소르본 대학에서 유학했다. 현재 전문 번역가로 활동 중이다.

민음 바칼로레아 41

방사능은 정말로 위험할까?

2판 1쇄 펴냄 2021년 3월 30일
2판 5쇄 펴냄 2024년 8월 8일

1판 1쇄 펴냄 2006년 8월 18일

지은이 | 장마르크 카브동
감수자 | 김찬형
옮긴이 | 정은비
발행인 | 박근섭
펴낸곳 | ㈜민음인

출판등록 | 2009. 10. 8 (제2009-000273호)
주소 | 06027 서울 강남구 도산대로 1길 62 강남출판문화센터 5층
전화 | 영업부 515-2000 **편집부** 3446-8774 **팩시밀리** 515-2007
홈페이지 | minumin.minumsa.com

도서 파본 등의 이유로 반송이 필요할 경우에는 구매처에서 교환하시고
출판사 교환이 필요할 경우에는 아래 주소로 반송 사유를 적어 도서와 함께 보내주세요.
06027 서울 강남구 도산대로 1길 62 강남출판문화센터 6층 민음인 마케팅부

㈜민음인은 민음사 출판 그룹의 자회사입니다.